TABLE DES MA[...]

MW01047299

Activités passe-temps, 2e et 3e années

LA FOLIE DES CATÉGORIES

Ce jeu amusant est conçu pour développer les habiletés de catégorisation des élèves.

MATÉRIEL :

Aucun matériel n'est requis.

DIRECTIVES :

1. Expliquez aux élèves qu'une catégorie est un groupe ou un ensemble de choses, de personnes ou d'actions qui ont des caractéristiques communes. Donnez un exemple de catégorie, puis un nom qui lui appartient. Par exemple, la catégorie « Animaux de compagnie » et le mot « Chien ».

2. Divisez la classe en deux équipes. Les élèves qui réussissent à trouver un nom appartenant à la catégorie choisie font gagner un point à leur équipe. Tenez le compte des points au tableau.

3. Quand les élèves n'arrivent plus à trouver de mots pour la catégorie en question, nommez-en une nouvelle.

4. Indiquez au départ le temps accordé pour le jeu. Lorsque le temps est écoulé, l'équipe ayant le plus de points gagne.

EXEMPLES DE CATÉGORIES :

• auteures/auteurs	• sports
• couleurs	• jeux
• animaux	• jouets
• plantes	• fruits
• villes	• prénoms
• chaussures	• habitations
• légumes	• poissons
• métiers	• oiseaux
• vêtements	• langages
• pays	• moyens de transport

BULLETIN DE NOUVELLES

Qu'est-ce que nous avons fait à l'école aujourd'hui?

LUNDI

MARDI

MERCREDI

JEUDI

VENDREDI

REMARQUES

VIVRE AU CANADA

Donne 10 raisons pour lesquelles tu aimes vivre au Canada.

1.	
2.	
3.	
4.	
5.	
6.	
7.	
8.	
9.	
10.	

Chalkboard Publishing © 2011

PROVERBES ET DICTONS

Amenez vos élèves à réfléchir! Demandez-leur de faire un remue-méninges en groupe ou de travailler individuellement pour trouver la signification des proverbes et dictons ci-dessous. Peuvent-ils établir des liens entre leur propre vie et ces proverbes et dictons? Si oui, invitez-les à en donner des exemples.

1. Les actes sont plus éloquents que les paroles.

2. Aux idiots, l'argent file entre les doigts.

3. Toute bonne chose a une fin.

4. Tout ce qui brille n'est pas or.

5. Une pomme par jour éloigne le médecin.

6. Un éléphant n'oublie jamais.

7. Comme on fait son lit on se couche.

8. Chien qui aboie ne mord pas.

9. La beauté n'est pas tout.

10. Deux précautions valent mieux qu'une.

11. Les affaires avant le plaisir.

12. Avoir les yeux plus grands que le ventre.

13. Il ne faut pas mettre tous ses œufs dans le même panier.

14. Il ne faut pas vendre la peau de l'ours avant de l'avoir tué.

15. Ne scie pas la branche sur laquelle tu es assis.

16. Qui le trouve le garde.

17. Pardonne et oublie.

18. Les malheurs s'apprennent vite.

19. Une place pour chaque chose, et chaque chose à sa place.

20. L'honnêteté paie.

21. C'est plus facile à dire qu'à faire.

22. Savoir, c'est pouvoir.

23. Chose défendue, chose désirée.

24. Il ne faut pas faire les choses à moitié.

25. Réfléchis avant d'agir.

26. Tomber de mal en pis.

27. Un sou est un sou.

28. Qui se ressemble s'assemble.

PROVERBES ET DICTONS

29. L'argent ne pousse pas sur les arbres.

30. Aide-toi et le ciel t'aidera.

31. Prêche par l'exemple.

32. L'avenir appartient à ceux qui se lèvent tôt.

33. Impossible n'est pas français.

34. C'est à l'usage que l'on peut juger de la qualité d'une chose.

35. À bon entendeur, salut!

36. Qui prend mari, prend pays.

37. Pierre qui roule n'amasse pas mousse.

38. Les murs ont des oreilles.

39. Les occasions ne manquent pas.

40. Chaque médaille a son revers.

41. Il ne faut jamais remettre au lendemain ce que l'on peut faire le jour même.

42. On n'est vraiment bien que chez soi.

43. Ils servent aussi qui debout savent attendre.

44. Il reste toujours quelque chose des mensonges.

45. Le temps, c'est de l'argent.

46. L'erreur est humaine.

47. Pour un esprit pur, tout est pur.

48. Demain n'arrive jamais.

49. Après la pluie, le beau temps.

50. La curiosité est un vilain défaut.

51. La réalité dépasse la fiction.

52. La nuit porte conseil.

53. Deux avis valent mieux qu'un.

54. Petit à petit, l'oiseau fait son nid.

55. On ne répare pas une injustice par une autre injustice.

56. L'union fait la force.

57. Un tiens vaut mieux que deux tu l'auras.

58. Les bons comptes font les bons amis.

59. Il n'y a pas de petites économies.

60. Regarde où tu mets les pieds.

PROVERBES ET DICTONS

61. L'appétit vient en mangeant.

62. Il n'y a pas de fumée sans feu.

63. Vouloir, c'est pouvoir.

64. Qui s'y frotte s'y pique.

65. Qui ne risque rien n'a rien.

66. Chacun son métier, les vaches seront bien gardées.

67. Ce qui est bon pour l'un l'est pour l'autre.

68. Qui se marie sans réfléchir aura tout le loisir de s'en repentir.

69. Qui vivra verra.

70. Si un travail vaut la peine d'être fait, autant le faire bien.

71. Le trois fait le mois.

72. Il faut tourner sa langue sept fois dans sa bouche avant de parler.

73. Dans le doute, abstiens-toi.

74. Il y aura d'autres occasions.

75. C'est un aveugle qui conduit un aveugle.

76. Quand le chat n'est pas là, les souris dansent.

77. La nuit, tous les chats sont gris.

78. Que chacun balaie devant sa porte.

79. La peur donne des ailes.

80. On prend plus de mouches avec du miel qu'avec du vinaigre.

81. On ne saurait faire boire un âne qui n'a pas soif.

82. On ne peut avoir le beurre et l'argent du beurre.

83. Il ne faut pas se fier aux apparences.

84. On ne fait pas d'omelettes sans casser d'œufs.

85. On n'apprend pas à un vieux singe à faire la grimace.

86. On ne peut pas toujours gagner.

87. Un de perdu, dix de retrouvés.

88. À force de coups, on abat le chêne.

89. Quand le puits est à sec, on sait ce que vaut l'eau.

90. Il n'est jamais trop tard pour apprendre.

100 ANIMAUX SAUVAGES DU CANADA

Voici deux excellents sites Web où tu pourras trouver des renseignements sur ces animaux :
- www.ffdp.ca (Faune et flore du pays)
- www.ec.gc.ca (Environnement Canada)

MAMMIFÈRES

1.	baleine boréale	19.	lynx du Canada
2.	béluga	20.	marmotte commune
3.	bison	21.	marsouin commun
4.	bœuf musqué	22.	martre
5.	carcajou	23.	morse de l'Atlantique
6.	caribou	24.	mouffette rayée
7.	castor	25.	mouton de montagne
8.	cerf de Virginie	26.	orignal
9.	chauve-souris	27.	ours noir
10.	chèvre de montagne	28.	ours polaire
11.	couguar	29.	porc-épic
12.	coyote	30.	rat musqué
13.	écureuil gris	31.	raton laveur
14.	épaulard	32.	renard arctique
15.	grizzli	33.	renard roux
16.	lemming	34.	renard véloce
17.	lièvre d'Amérique	35.	tamia
18.	loup	36.	wapiti

AMPHIBIENS ET REPTILES

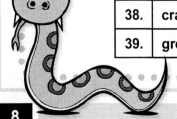

37.	couleuvre de l'Ouest	40.	grenouille des bois
38.	crapaud cornu	41.	rainette faux-grillon
39.	grenouille à pattes rouges	42.	tortue luth

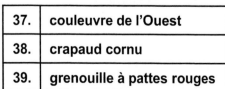

100 ANIMAUX SAUVAGES DU CANADA

OISEAUX

43.	canard noir	61.	grand héron	79.	hirondelle noire
44.	chardonneret jaune	62.	grand-duc d'Amérique	80.	sittelle à poitrine rousse
45.	merle d'Amérique	63.	grande oie des neiges	81.	fuligule à tête rouge
46.	sterne arctique	64.	arlequin plongeur	82.	goéland à bec cerclé
47.	macareux moine	65.	goéland argenté	83.	sterne de Dougall
48.	pygargue à tête blanche	66.	pluvier kildir	84.	colibri à gorge rubis
49.	grive de Bicknell	67.	petite oie des neiges	85.	gélinotte huppée
50.	mésange à tête noire	68.	pie-grièche migratrice	86.	oiseaux de mer
51.	geai bleu	69.	huard	87.	bécasseau semipalmé
52.	petit garrot	70.	canard colvert	88.	épervier brun, épervier de Cooper, autour des palombes
53.	chevêche des terriers	71.	guillemot marbré		
54.	bernache	72.	merlebleu azuré	89.	oiseaux de rivage
55.	fuligule à dos blanc	73.	guillemot	90.	harfang des neiges
56.	starique de Cassin	74.	fou de Bassan	91.	cygne trompette
57.	eider à duvet	75.	balbuzard pêcheur	92.	cygne siffleur
58.	pic mineur	76.	faucon pèlerin	93.	grue blanche
59.	gros-bec errant	77.	pluvier siffleur	94.	dindon sauvage
60.	mésangeai du Canada	78.	lagopède	95.	canard branchu

POISSONS

96.	corégone atlantique	99.	saumon
97.	ombre de l'Arctique	100.	truite arc-en-ciel
98.	grand brochet		

RAPPORT SUR UN ANIMAL SAUVAGE DU CANADA

Nom de l'animal : _____

Mon animal est un :   mammifère   reptile   amphibien   poisson   oiseau

De quoi a-t-il l'air?	
Quel est son habitat?	
Qu'est-ce qu'il mange?	
Quelles sont ses caractéristiques particulières?	
Fait intéressant	
Fait intéressant	
Fait intéressant	

UN ACROSTICHE

Un *acrostiche* est un poème dont la première lettre de chaque vers forme un mot (verticalement). Le poème lui-même peut décrire le mot ou raconter une courte histoire à son sujet.

.... _____

.... _____

.... _____

.... _____

.... _____

.... _____

.... _____

.... _____

.... _____

.... _____

.... _____

.... _____

DES COMPARAISONS INCOMPARABLES

Dans une *comparaison*, on se sert du mot « comme » pour comparer deux choses.

Exemple : Louise est rapide comme l'éclair.

Écris tes propres comparaisons.

1 _____

2 _____

3 _____

4 _____

5 _____

6 _____

7 _____

8 _____

9 _____

10 _____

DES ALLITÉRATIONS AHURISSANTES

Une *allitération* est une répétition des consonnes initiales dans un groupe de mots.

Exemple : Ton thé t'a-t-il guéri ta toux?

Crée tes propres allitérations.

1 _____

2 _____

3 _____

4 _____

5 _____

6 _____

7 _____

8 _____

9 _____

10 _____

RÉDIGE UN DIALOGUE

Gendarme : _____

Castor : _____

Gendarme : _____

Castor : _____

Gendarme : _____

Castor : _____

Gendarme : _____

Castor : _____

LES CHUTES NIAGARA

Les chutes Niagara en Ontario sont célèbres dans le monde entier! Elles se jettent dans la rivière Niagara, 52 mètres plus bas. Les touristes peuvent voir les chutes d'assez près. Ils peuvent emprunter un tunnel qui les mène « sous les chutes ». Ou encore ils peuvent monter à bord du bateau *Maid of the Mist*, qui se rend tout près des chutes.

- Colorie les chutes.
- Dessine le *Maid of the Mist* tout près des chutes.

RÉFLÉCHIS BIEN

Aimerais-tu mieux marcher jusque sous les chutes ou t'en rapprocher sur le *Maid of the Mist*? Explique ta réponse.

DES MOTS CACHÉS

Cache des mots dans la grille, puis demande à tes camarades de les trouver.

AY I Z B **LISTE DES MOTS** C J R U X

AVIS DE RECHERCHE

AVIS DE RECHERCHE

Qui ou quoi?

_____

Dernière fois qu'on l'a vu(e)

_____

_____

Description

_____

_____

Pourquoi recherche-t-on cette personne ou cet objet?

_____

_____

Y a-t-il une récompense?

_____

BONHOMME CARNAVAL

Bonhomme est la mascotte du Carnaval de Québec. Colorie-le, puis dessine un paysage derrière lui.

Quelles sont tes activités préférées en hiver?

_____

ATELIER D'ÉCRITURE D'HISTOIRE

Titre de l'histoire : _____

DÉBUT

☐ J'ai écrit une première phrase accrocheuse.

☐ J'ai présenté le personnage principal.

☐ J'ai indiqué l'endroit où se passe l'histoire.

_____

_____

_____

_____

_____

_____

_____

_____

_____

☐ J'ai vérifié les majuscules et les points finals.   ☐ J'ai ajouté des adjectifs.

ATELIER D'ÉCRITURE D'HISTOIRE

Titre de l'histoire : _____

MILIEU

☐ J'ai expliqué le problème de l'histoire.

_____

_____

_____

_____

_____

_____

_____

_____

_____

_____

_____

☐ J'ai vérifié les majuscules et les points finals.   ☐ J'ai ajouté des adjectifs.

ATELIER D'ÉCRITURE D'HISTOIRE

Titre de l'histoire : _____

ÉVÉNEMENTS

☐ J'ai raconté les événements qui se sont déroulés dans l'histoire avant la résolution du problème.

1er événement

_____

_____

_____

_____

_____

2e événement

_____

_____

_____

_____

_____

☐ J'ai vérifié les majuscules et les points finals.

☐ J'ai ajouté des adjectifs.

☐ J'ai expliqué chaque événement.

ATELIER D'ÉCRITURE D'HISTOIRE

Titre de l'histoire : _____

FIN

☐ J'ai expliqué la façon dont le problème a été résolu.

_____

_____

_____

_____

_____

_____

_____

_____

_____

☐ J'ai vérifié les majuscules et les points finals.   ☐ J'ai ajouté des adjectifs.

NARRATION CAPTIVANTE D'UNE HISTOIRE

Lis une histoire. Puis raconte dans tes propres mots ce qui s'est passé dans l'histoire.

Titre de l'histoire : _____

DÉBUT

_____

_____

_____

_____

_____

_____

Lis une histoire. Puis raconte dans tes propres mots ce qui s'est passé dans l'histoire.

Titre de l'histoire : _____

MILIEU

_____

_____

_____

_____

_____

_____

_____

Lis une histoire. Puis raconte dans tes propres mots ce qui s'est passé dans l'histoire.

Titre de l'histoire : _____

FIN

_____

_____

_____

_____

_____

_____

_____

TABLEAU DE COMPARAISON

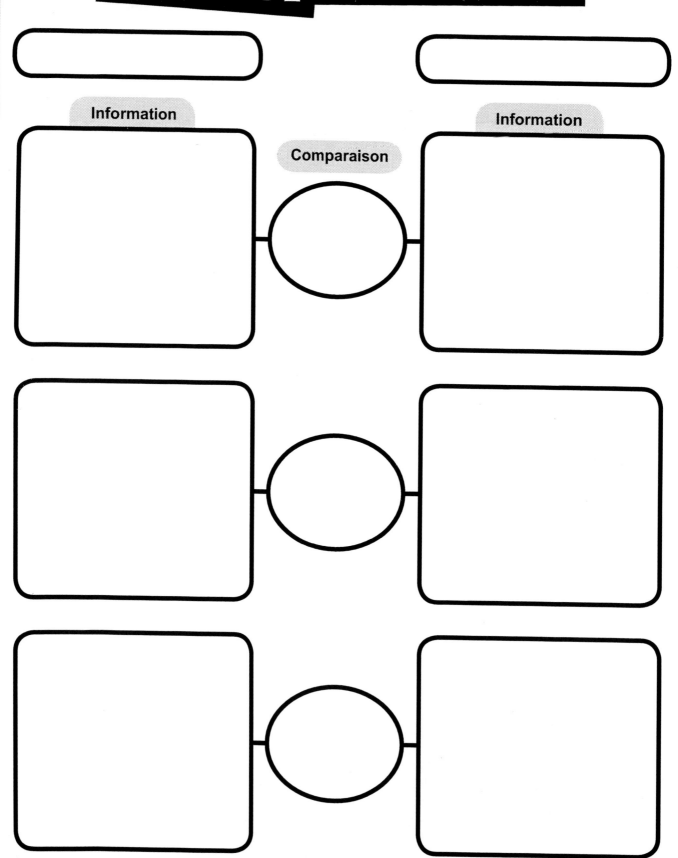

Information

Information

Comparaison

Comparaison

Comparaison

GENDARMERIE ROYALE DU CANADA

« Nous attrapons toujours notre homme! »

COLORIE L'IMAGE AINSI :

TUNIQUE : rouge vif
CHAPEAU : brun clair, avec une bande noire
BOTTES : brun
CEINTURE : noir
BOUTONS : jaune
CULOTTE : noir, avec une rayure jaune
Ajoute un décor, puis colorie-le.

D'après toi, quelles sont les caractéristiques d'un gendarme de la Gendarmerie royale?

_____

_____

_____

_____

_____

_____

OGOPOGO

Ogopogo est une créature célèbre. Beaucoup de personnes croient qu'Ogopogo vit dans le plus grand lac de la Colombie-Britannique. Est-ce que tu crois qu'Ogopogo existe vraiment? Explique ta réponse.

_____

_____

_____

_____

_____

_____

_____

UNE AVENTURE D'OGOPOGO

Écris tes idées pour ton histoire dans ce planificateur d'histoire.

Où l'aventure se passe-t-elle?	Qui participe à l'aventure?

Comment l'aventure commence-t-elle?

Qu'est-ce qui se passe dans l'aventure?

Comment l'aventure se termine-t-elle?

MON JOURNAL DE LECTURE

Titre du livre	Auteure ou auteur	Est-ce que tes camarades devraient lire ce livre?

UN DIAGRAMME DE VENN

SUJET : _____

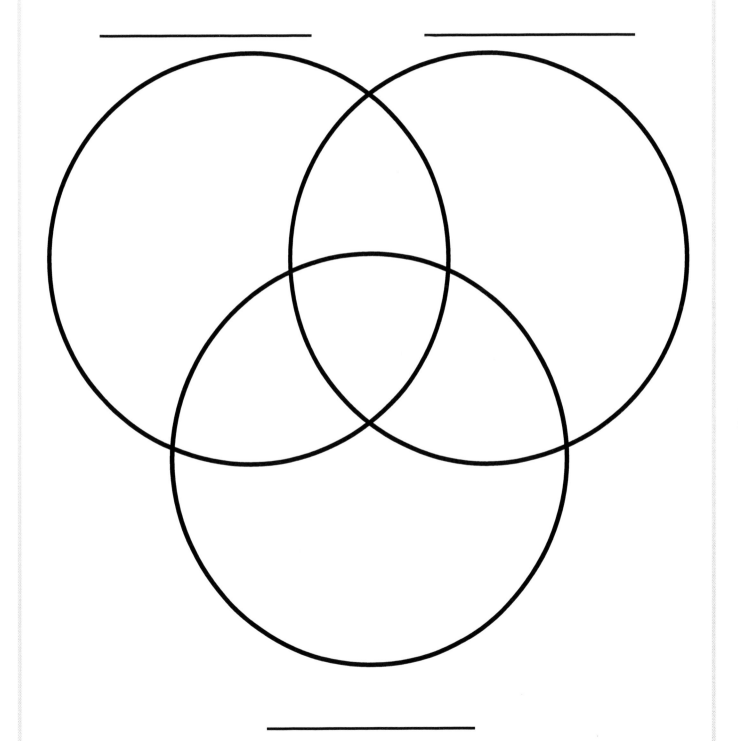

UN DIAGRAMME DE VENN

SUJET : _____

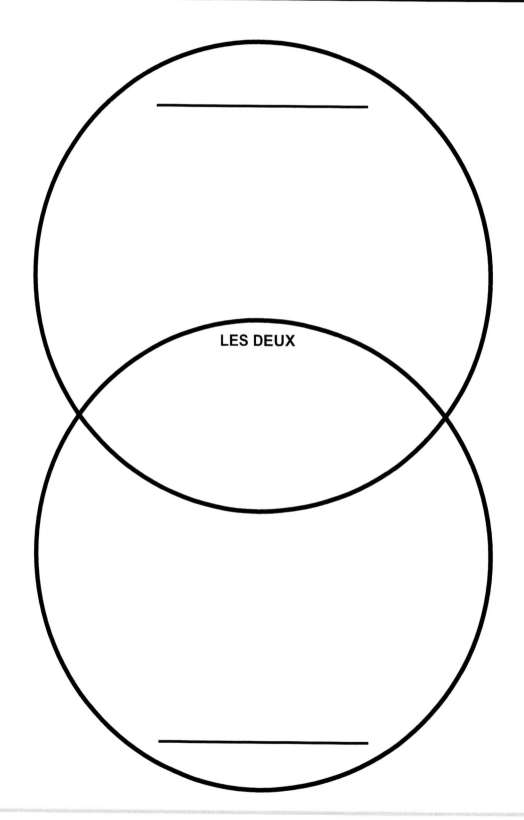

LES DEUX

UNE TOILE D'IDÉES

SUJET : _____

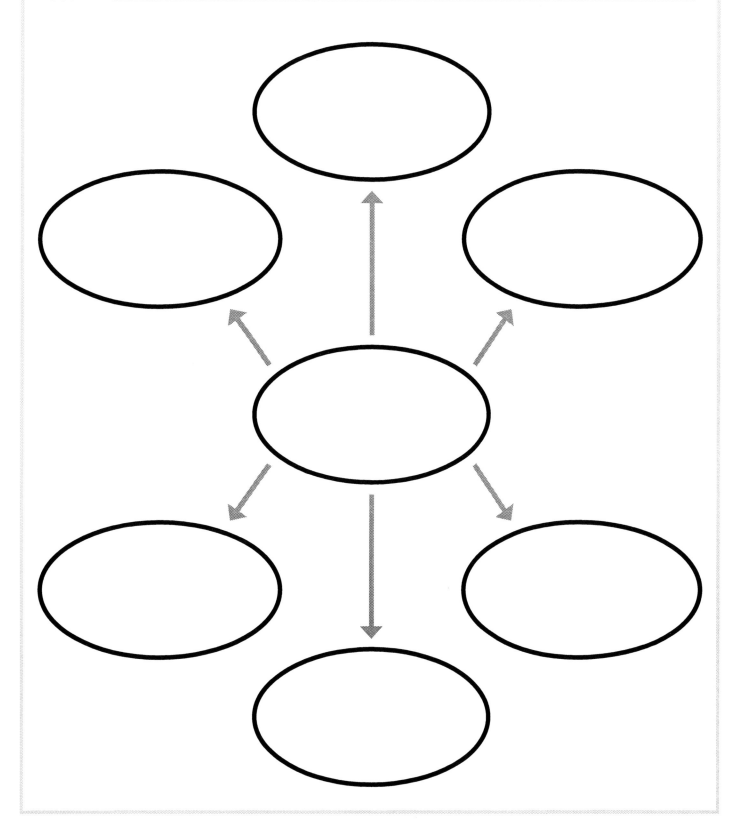

AIMERAIS-TU MIEUX...?

Utilisez ces questions amusantes comme tremplin pour une discussion ou pour une activité de journalisation. Invitez les élèves à imaginer leurs propres questions.

1. Aimerais-tu mieux vivre dans l'océan ou dans l'espace? Pourquoi?

2. Aimerais-tu mieux explorer un volcan ou la forêt tropicale? Pourquoi?

3. Aimerais-tu mieux avoir la taille d'une souris ou la taille d'un dinosaure? Pourquoi?

4. Aimes-tu mieux manger des légumes ou des fruits? Pourquoi?

5. Aimes-tu mieux aller voir le médecin ou le dentiste? Pourquoi?

6. Aimes-tu mieux une journée neigeuse ou une journée chaude et ensoleillée? Pourquoi?

7. Aimerais-tu mieux rester un(e) enfant ou être une grande personne? Pourquoi?

8. Aimerais-tu mieux vivre dans la ville ou à la campagne? Pourquoi?

9. Aimes-tu mieux jouer dehors ou jouer à des jeux électroniques? Pourquoi?

10. Aimerais-tu mieux voyager en train ou en avion? Pourquoi?

11. Aimerais-tu mieux avoir un chat ou un chien? Pourquoi?

12. Aimes-tu mieux faire des maths ou lire? Pourquoi?

13. Aimerais-tu mieux être la plus jeune personne dans ta famille ou encore la plus vieille? Pourquoi?

14. Aimerais-tu mieux être un poisson ou un oiseau? Pourquoi?

15. Aimerais-tu mieux pouvoir voler ou avoir une force extraordinaire? Pourquoi?

Chalkboard Publishing © 2011

UNE CARTE POSTALE

Écris une carte postale à une amie ou un ami.

Devant de la carte postale :

Verso de la carte postale :

Destinataire :

FAIT OU OPINION?

Sujet

Fait

Opinion

DESSINE UNE CARTE

Une carte est un dessin d'un endroit. Dessine une carte de ton quartier. Ensuite, crée une légende montrant des symboles qui vont aider les gens à trouver les endroits importants sur la carte (école, bibliothèque, etc.).

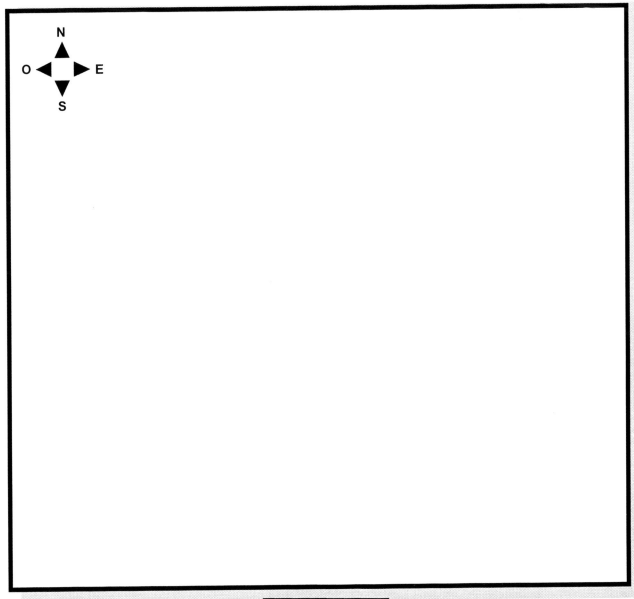

LÉGENDE

LA FOLIE DES COULEURS

Voici une activité visant à développer la motricité fine. Les élèves doivent colorier des images ou des figures géométriques de différentes façons.

Ils peuvent colorier une image ou de grosses figures géométriques :

- sur une surface telle que du papier sablé pour créer une texture intéressante;

- en appuyant plus ou moins sur leur crayon ou leur pinceau;

- en n'utilisant que des couleurs primaires;

- en n'utilisant que des couleurs secondaires;

- en utilisant diverses nuances de la même couleur;

- avec différentes couleurs de craies, recouvertes ensuite de fixatif;

- avec des pastels;

- avec des couleurs à l'eau;

- en traçant des lignes verticales;

- en traçant des lignes horizontales.

Ils peuvent remplir des parties d'une image ou d'une figure géométrique :

- avec de la pâte à modeler de diverses couleurs;

- avec de petits bouts de papier de bricolage;

- en se servant de diverses techniques;

- avec de la grosse laine de diverses couleurs;

- en faisant différents motifs;

- en appliquant la couleur avec de la ouate.

CONÇOIS UN TIMBRE-POSTE

Décris ton timbre :

_____

_____

DESSINS DIRIGÉS

Cette activité démontre que l'art est une interprétation personnelle d'idées. Les élèves se rendront compte qu'ils peuvent créer des dessins tout différents bien qu'ils suivent les mêmes consignes. Une fois l'activité terminée, vous pourrez afficher leurs dessins pour créer une exposition d'art abstrait basée sur les figures, les couleurs et les lignes.

MATÉRIEL :

• une feuille de papier carrée pour chaque élève
• des crayons de couleur ou des craies de cire

CE QU'IL FAUT FAIRE :

1. Invitez les élèves à suivre vos consignes pour créer leur chef-d'œuvre.

2. Faites d'abord un sondage. Demandez aux élèves si, selon eux, leurs dessins seront pareils ou différents s'ils suivent les mêmes consignes.

3. Ensuite, donnez des consignes comme celles-ci :
    • Tracez une ligne fine et noire en travers de la feuille.
    • Tracez une ligne épaisse et bleu en travers de la feuille.
    • Tracez un cercle rouge n'importe où sur la feuille.
    • Tracez un triangle vert n'importe où sur la feuille.
    • Toute consigne orange qui utilise le vocabulaire de l'art.

4. Après que vous avez donné toutes vos consignes, demandez aux élèves de comparer leur dessin à celui d'une ou d'un camarade et d'en relever les ressemblances et les différences.

5. Affichez les dessins des élèves.

 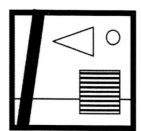 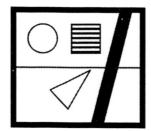 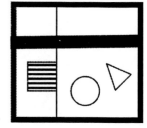

Chalkboard Publishing © 2011

CASSE-TÊTE GÉANT

Créez tous ensemble un casse-tête géant! Remettez à chaque élève un morceau de casse-tête à remplir pour ajouter au casse-tête géant de la classe. Quelques idées pour remplir les morceaux :

- des dessins tous reliés à un même thème pour toute la classe;
- des comptes rendus d'une recherche faite sur un même sujet;
- des poèmes qui seront ensuite rassemblés en une anthologie.

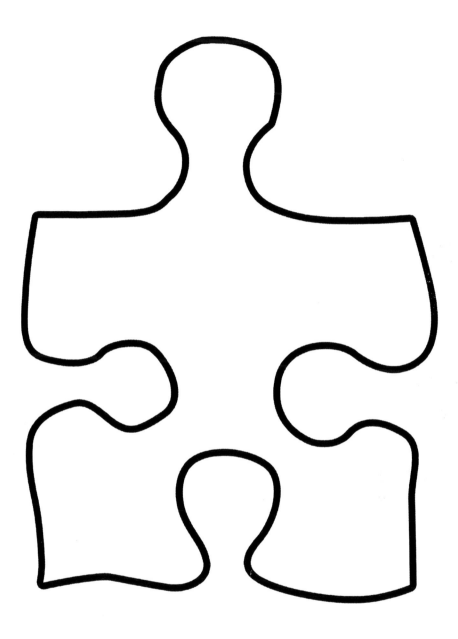

FAIS UN PORTRAIT

Fais le portrait d'un membre de ta famille, d'une amie ou d'un ami, ou encore de ton animal de compagnie.

CONÇOIS UN BILLET DE 100 $

Crée ton propre billet de 100 $.

 Le véritable billet de 100 $ ressemble à ceci.

100

BANK OF CANADA•BANQUE DU CANADA

CANADA
CENT • ONE HUNDRED
DOLLARS

100

Décris ton billet de 100 $:

_____

_____

_____

_____

Crée ta propre pièce de 1 $.

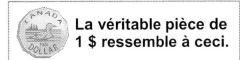

La véritable pièce de 1 $ ressemble à ceci.

Certaines personnes appellent « huard » la pièce canadienne de 1 $.
Quel nom vas-tu donner à ta pièce de 1 $? Pourquoi?

_____

_____

JOUONS AUX DAMES!

Découpez les jetons, puis utilisez ce plateau de jeu pour une partie de dames.

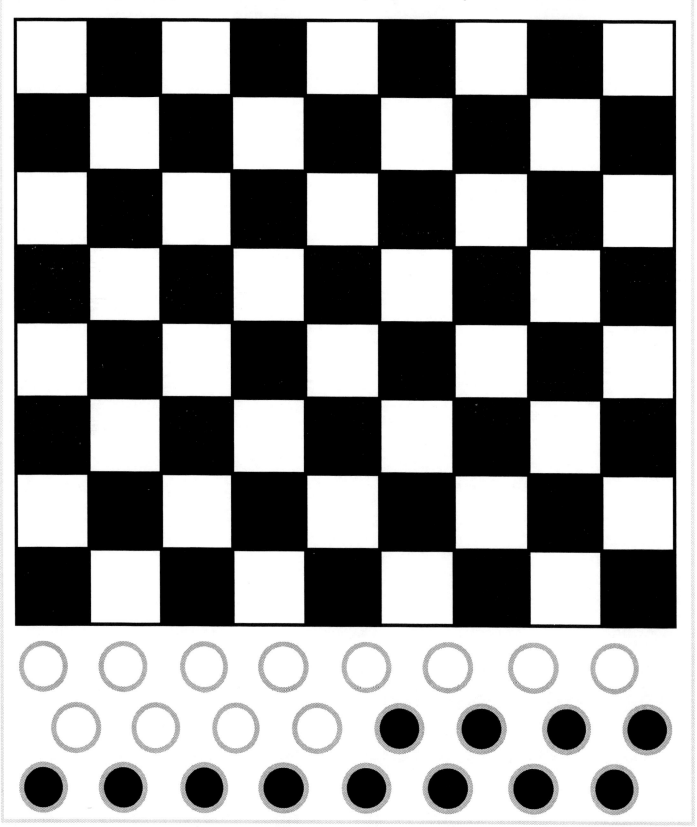

Conçois ton propre drapeau.

UN COLLAGE DE MA COLLECTIVITÉ

Crée un collage de ta collectivité. Dans des magazines, des brochures ou des journaux, cherche des mots ou des images de personnes, d'endroits ou de choses qui te rappellent ta collectivité. Découpe les images et les mots, puis forme un collage ci-dessous.

Décris ta collectivité :

_____

_____

L'INUKSHUK

Un inukshuk est formé de pierres empilées et indique la direction à suivre. Le mot *inukshuk* signifie « qui agit comme un homme ». Conçois ton propre inukshuk en collant ci-dessous des morceaux de papier de bricolage gris que tu auras déchirés.

TIC TAC TOE

Réussis à former une suite horizontale, verticale ou diagonale de trois X avant que ta ou ton camarade ne forme une suite de trois O.

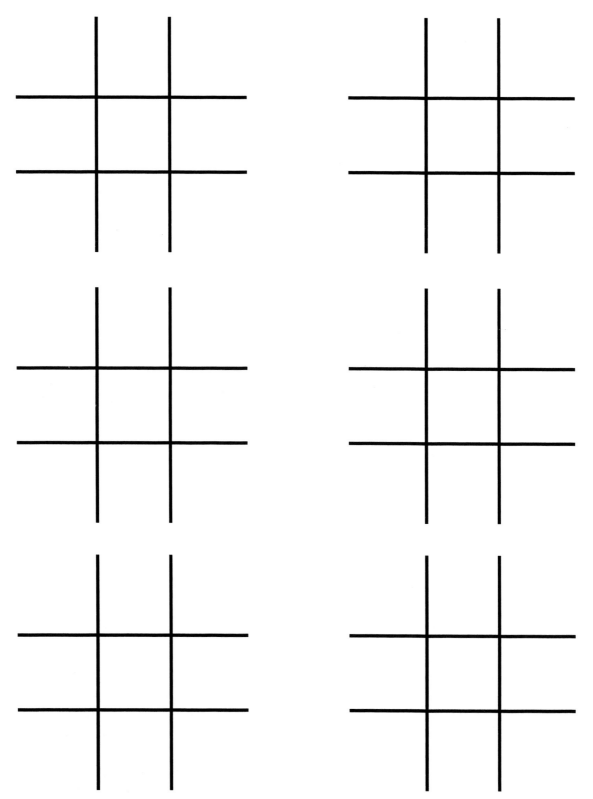

UN LABYRINTHE

Aide la souris à se rendre jusqu'au morceau de fromage!

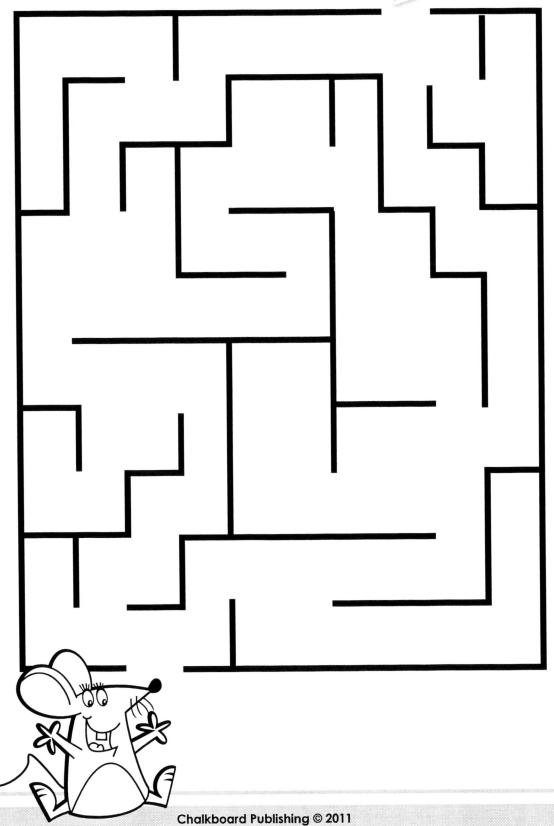

UNE COURSE JUSQU'À 100

Joins-toi à une ou un camarade, puis faites une course pour voir qui arrivera à 100 en premier!

MATÉRIEL :

pièces de base dix	deux dés	tableau de valeurs de position

CONSIGNES :

1. La première personne fait rouler les dés.

2. Elle compte le nombre d'unités et indique le total dans la colonne des unités du tableau de valeurs de position.

3. La deuxième personne fait rouler les dés.

4. Elle compte le nombre d'unités et indique le total dans la colonne des unités du tableau de valeurs de position.

5. Lorsque les joueuses ou joueurs ont suffisamment d'unités, ils les regroupent en dizaines.

6. La première personne dont les dizaines totalisent 100 gagne!

Centaines	Dizaines	Unités

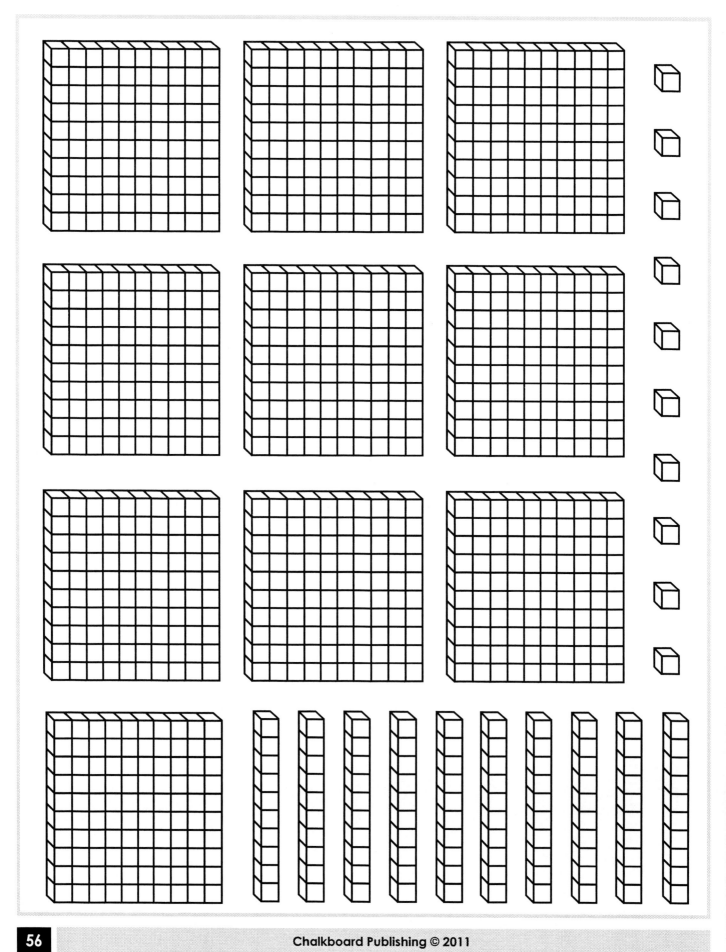

TANGRAMS

Un tangram est un casse-tête chinois composé de sept figures géométriques. L'objectif est de constituer une silhouette particulière à partir de ces sept figures.

1. Découpe avec soin les figures du tangram ci-dessous.

2. Sers-toi des figures pour former un animal, une personne ou une chose. Tu dois utiliser toutes les figures, et celles-ci ne doivent pas se chevaucher.

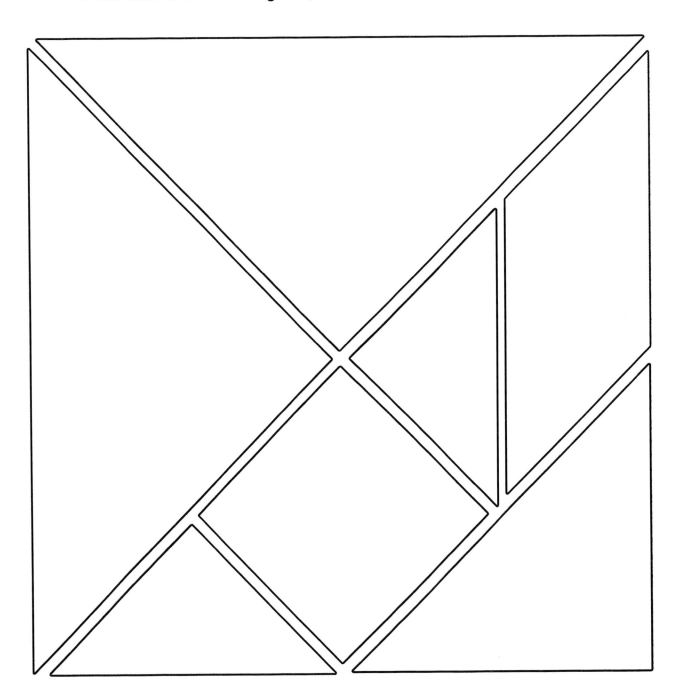

DÉFI TANGRAM

Combien de ces silhouettes d'animaux peux-tu reconstituer avec tes figures de tangram?

CODE SECRET

Écris un message en te servant de ce code secret.

A	B	C	D	E
#	$	≡	◎	☾

F	G	H	I	J
☼	◇	((	△	@

K	L	M	N	O
♡	⇧	//	=	●

P	Q	R	S	T
Ψ	⊕	⊠	¢	«

U	V	W	X	Y
‡	▭	%	∧	∗

Z
+

CRÉE TON PROPRE CODE SECRET

Invente un code secret! Crée un symbole pour chaque lettre de l'alphabet. Ensuite, écris un message en te servant de ton code.

A	B	C	D	E
F	G	H	I	J
K	L	M	N	O
P	Q	R	S	T
U	V	W	X	Y
Z				

TOUTES SORTES DE FIGURES

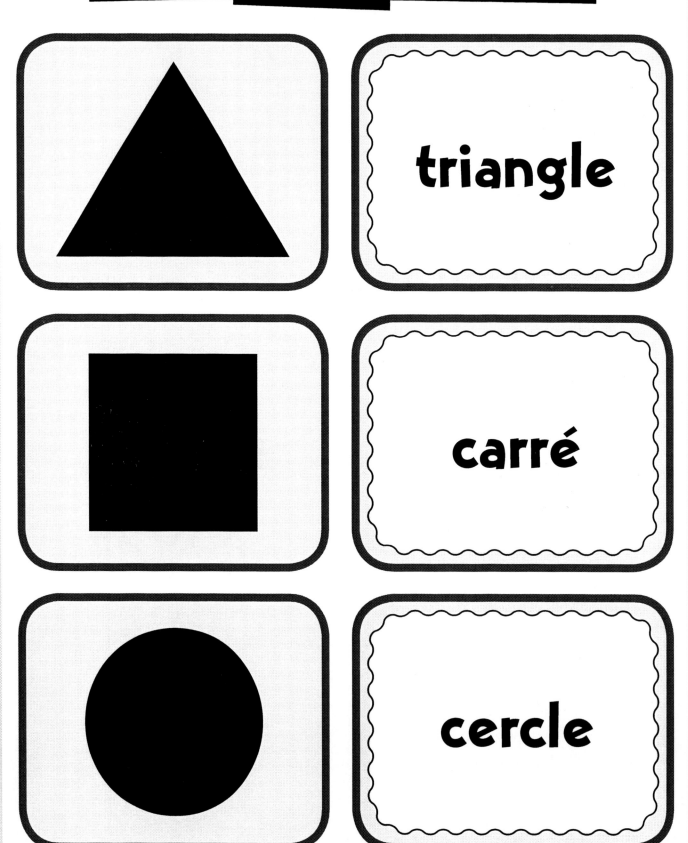

triangle

carré

cercle

TOUTES SORTES DE FIGURES

rectangle

pentagone

hexagone

TOUTES SORTES DE FIGURES

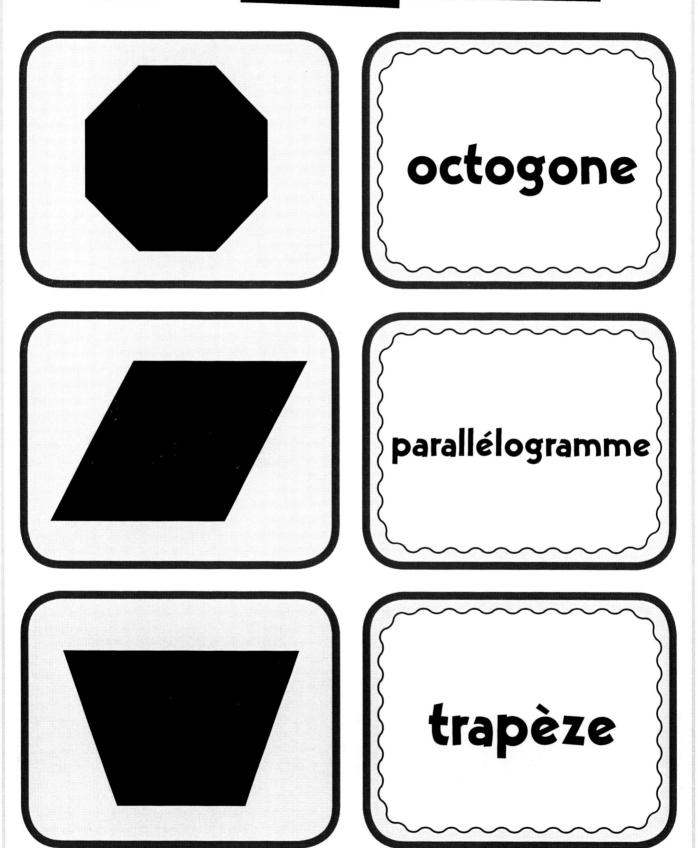

octogone

parallélogramme

trapèze

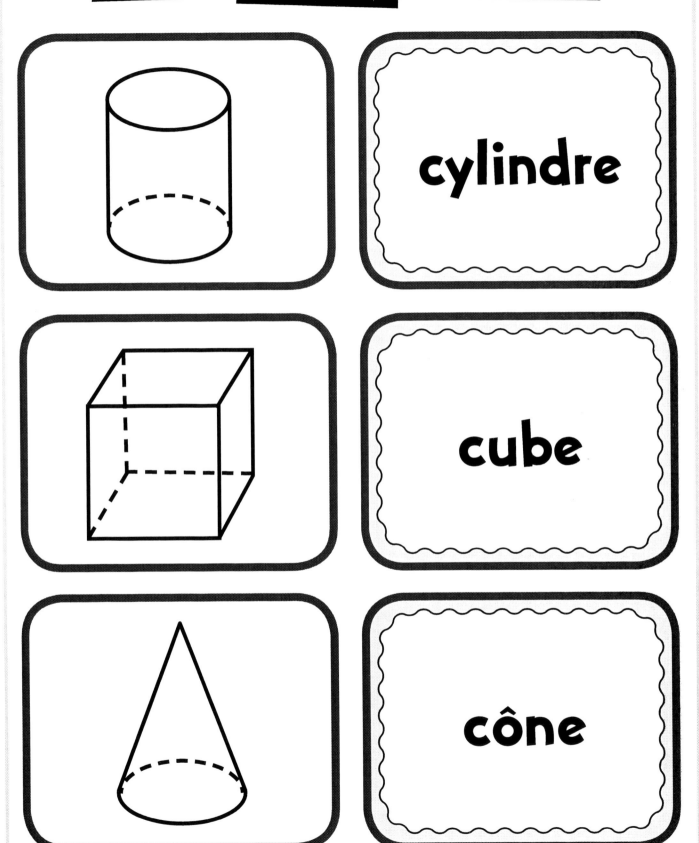

cylindre

cube

cône

TOUTES SORTES DE FIGURES

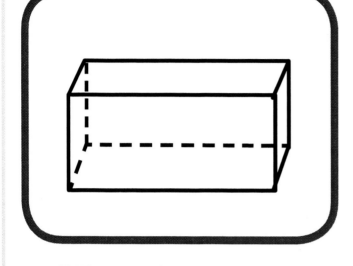

prisme
droit à base
rectangulaire

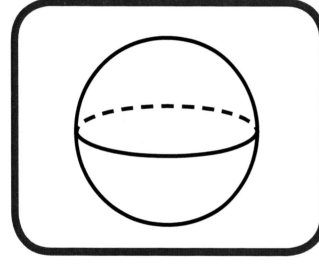

sphère

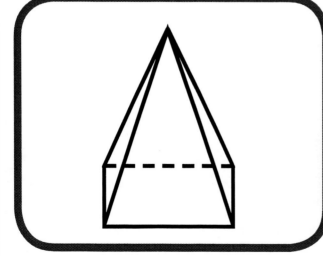

pyramide

SAVOIR COMPTER LA MONNAIE

Combien de chaque pièce de monnaie faut-il pour obtenir la somme indiquée au début de chaque rangée? Il peut y avoir plus d'une réponse.

	1¢	5¢	10¢	25¢
23 ¢				
67 ¢				
88 ¢				
35 ¢				
46 ¢				
92 ¢				
80 ¢				
71 ¢				
56 ¢				
14 ¢				
50 ¢				

CONÇOIS UN JEU DE SOCIÉTÉ

Conçois ton propre jeu de société! Le thème de ton jeu peut être un sujet que tu étudies en classe ou un sujet qui t'intéresse beaucoup.

MATÉRIEL :

- feuilles où figurent les éléments du plateau de jeu et les cartes
- crayons de couleur
- dés
- ciseaux
- colle
- papier de bricolage

CONSIGNES :

1. Choisis un thème pour ton jeu.

2. Colle sur du papier de bricolage les deux feuilles montrant le plateau de jeu.

3. Décore ton plateau de jeu avec de beaux dessins.

4. Découpe les cartes. Écris dessus des questions auxquelles tes camarades devront répondre pour avancer sur le plateau.

5. Pour les jetons, découpe de petites figures dans une feuille de papier ou sers-toi d'autres petits objets.

6. Écris les règles du jeu.

7. Joue à ton jeu avec tes camarades!

IDÉES DE QUESTIONS POUR LES CARTES

- maths
- vrai ou faux
- mots à épeler

CARTES POUR LE JEU DE SOCIÉTÉ

Écris des questions sur les cartes pour ton jeu de société.

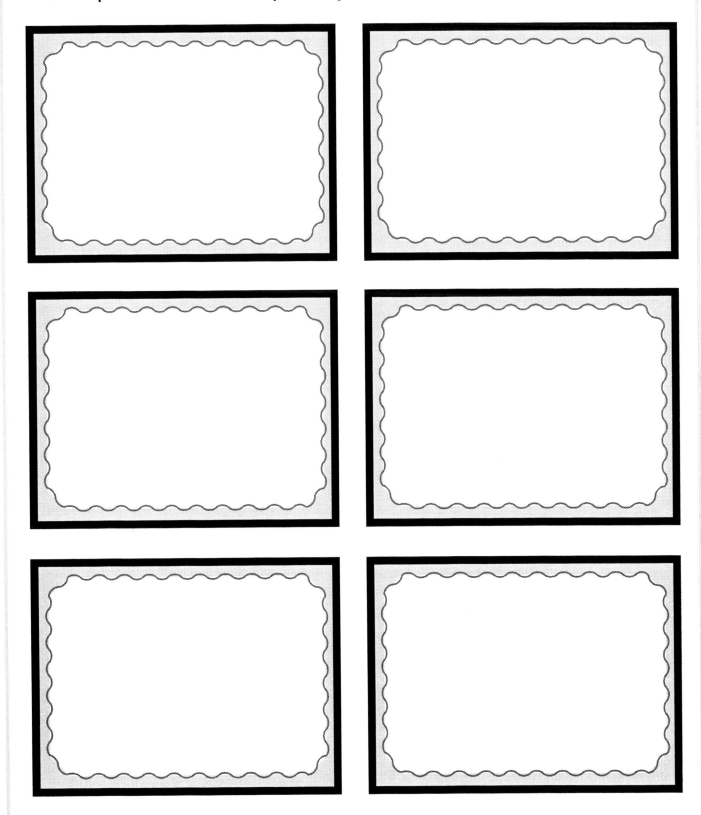

LE JEU DE SOCIÉTÉ DE : _____

départ

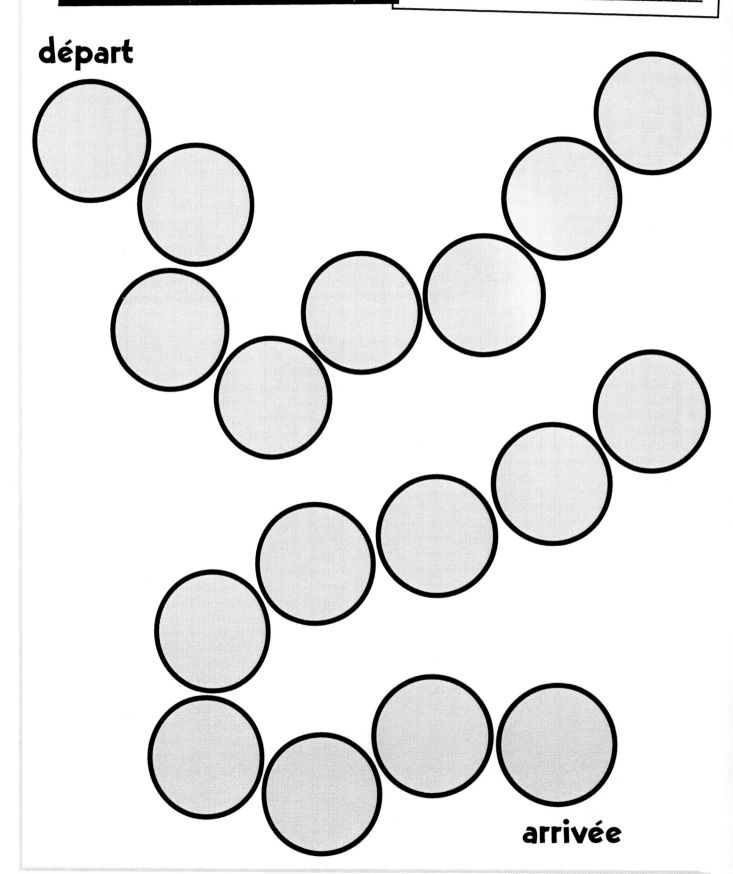

arrivée

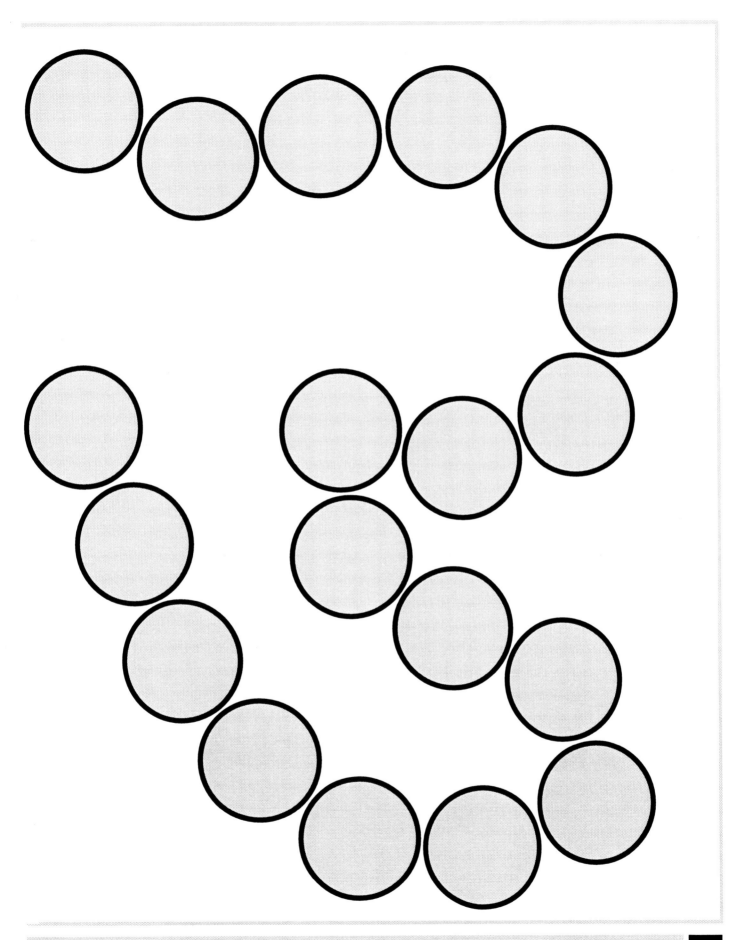

UN ANIMAL EXTRAORDINAIRE

Utilise ces parties d'animaux pour créer un tout nouvel animal.

JE FAIS DES ACHATS

Feuillette des magazines, des cahiers publicitaires ou des catalogues et fais tes achats!
Découpe l'image d'un article, puis dessine ou colle les billets et les pièces de monnaie
dont tu auras besoin pour acheter cet article.

UN REPAS SAIN

Dessine, sur l'assiette, des aliments qui constituent un repas sain.
Identifie les aliments avec des étiquettes.

Pourquoi ton repas est-il sain?

_____

_____

_____

AUTRES IDÉES D'ACTIVITÉS PASSE-TEMPS

1. Le poème du jour

Invitez les élèves à constituer une anthologie de leurs poèmes préférés. Ils peuvent transcrire les poèmes dans un cahier, puis les illustrer. Il s'agit là pour eux d'une bonne occasion de s'exercer à écrire. Si vous avez du temps libre pendant la journée, vous pouvez demander aux élèves de lire, à tour de rôle, un de leurs poèmes préférés.

2. Exercice physique quotidien

Consacrez quelques minutes chaque jour à faire ensemble de l'exercice physique. Vous pouvez faire des exercices d'étirement, par exemple, ou défier les élèves de faire le plus de sautillements sur place ou de pompes possible en une minute. Les élèves aiment bien aussi la danse aérobique.

3. Nettoyage de la classe

Défiez les élèves de ramasser, de replacer ou de ranger 100 objets dans la classe en 100 secondes.

4. Jeu du téléphone

Un jeu très amusant dont les élèves ne se lassent jamais. Chaque élève chuchote à la personne suivante une phrase qui lui a été chuchotée par la personne précédente. À mesure que le message circule, des erreurs de compréhension se produisent qui font que le message entendu par la dernière personne est complètement différent du message original.

5. Mots inventés

Lire des mots inventés faciles à prononcer est une excellente façon pour les élèves d'améliorer leurs habiletés de décodage. Créez des mots contenant une variété de sons. Exemple : claphénomologicalide.

6. Jeux de société

Mettez à la disposition des élèves une variété de jeux de société tels que Serpents et échelles ou Scrabble. Ou défiez-les de créer leur propre version de leur jeu de société préféré en se servant des feuilles reproductibles dans le présent cahier.

7. Liste des 10 meilleurs

Dressez tous ensemble une liste des 10 meilleurs films, personnes, chansons, etc.

8. Problèmes de mathématiques

Invitez les élèves à concevoir des problèmes de mathématiques reliés aux notions que vous étudiez à ce moment-là. Ils les écriront sur des fiches, au verso desquelles ils indiqueront la solution.

AUTRES IDÉES D'ACTIVITÉS PASSE-TEMPS

9. Le jeu du dictionnaire

Ce jeu amusant permettra aux élèves d'enrichir leur vocabulaire. Donnez-leur un mot et demandez-leur d'en trouver le plus vite possible la signification dans le dictionnaire. Ils devront ensuite utiliser le mot dans une phrase. Les mots que vous donnez pourraient, par exemple, provenir d'un glossaire relié à un sujet particulier.

10. Blague ou devinette de la journée

Ayez sous la main plusieurs livres de blagues ou de devinettes à lire à vos élèves.

11. Messages de classe

Les messages de classe constituent un excellent moyen de communiquer des faits intéressants aux élèves, au sujet du thème à l'étude, tout en leur permettant d'améliorer leurs compétences grammaticales. Écrivez au tableau un message comportant des erreurs grammaticales et de ponctuation, puis invitez les élèves à vous aider à le corriger. Une fois le message corrigé, servez-vous-en pour lancer une discussion sur le sujet dont il traite.

12. Défi de l'alphabet

Défiez les élèves de trouver un nom propre commençant par chaque lettre de l'alphabet. Vous pourriez aussi leur demander de trouver des verbes, des aliments, des villes ou des prénoms pour chaque lettre.

13. Des animaux extraordinaires

Invitez les élèves à créer de nouveaux animaux à partir de leurs propres idées ou en se servant des feuilles du présent cahier où figurent diverses parties d'animaux. Une élève pourrait choisir, par exemple, de combiner les oreilles d'un lapin, le cou d'une girafe, le corps d'un chien et la queue d'un lion! Encouragez les élèves à donner un nom à leur animal, à décrire son habitat et à fournir des faits intéressants à son sujet.

14. Un commerce dans la classe

Un commerce dans la classe est une excellente façon pour les élèves plus vieux d'améliorer leurs compétences mathématiques (addition, soustraction, décimales, multiplication, division) dans le contexte d'un « monde réel ». Demandez-leur d'apporter en classe des contenants de produits vides, des menus ou des cahiers publicitaires. Placez des étiquettes de prix sur chaque contenant ou image de produit. Nommez des élèves qui vont « acheter » les produits et remettez-leur une somme d'argent. Nommez d'autres élèves qui vont « vendre » les produits. Ceux-ci devront indiquer dans un cahier les produits vendus et la monnaie remise.

Chalkboard Publishing © 2011

AUTRES IDÉES D'ACTIVITÉS PASSE-TEMPS

15. Casse-tête analogiques

Défiez les élèves de créer des casse-tête analogiques que leurs camarades pourront résoudre dans leur temps libre. Les analogies constituent un outil très efficace pour faire réfléchir les élèves. Écrivez au tableau des exemples d'analogies auxquelles il manque une partie que les élèves devront trouver. Exemple : Le caniche est aux chiens ce que le cardinal est aux _____. Invitez les élèves à trouver la réponse et à expliquer comment ils l'ont trouvée. Une fois qu'ils comprennent le fonctionnement de l'exercice, invitez-les à créer leurs propres analogies.

16. Course maths

Aidez les élèves à perfectionner leurs compétences mathématiques en les invitant, par exemple, à indiquer des multiples de nombres ou des nombres ayant des caractéristiques particulières, ou encore à trouver les nombres manquants dans une suite, tout cela en une minute. La compétition peut se faire au tableau entre deux élèves.

17. Le jeu du pendu

Ce jeu est très populaire auprès des élèves. Pour rendre le jeu plus intéressant, servez-vous de mots reliés à un sujet ou une période en particulier, ou de noms de Canadiennes ou Canadiens célèbres. Les mots pourraient être reliés au Canada, par exemple, et comprendre des provinces ou des territoires, ou encore des lieux touristiques reconnus.

18. Qu'avons-nous appris à l'école aujourd'hui?

Rédigez un bulletin hebdomadaire de nouvelles afin d'informer les parents des événements qui se sont produits en classe au cours de la semaine. À la fin de chaque jour de classe, invitez les élèves à vous faire part de ce qu'ils ont appris ce jour-là. Notez les réponses dans la case appropriée de la feuille reproductible fournie à la page 3. Vous pouvez y ajouter les initiales de l'élève qui répond. Servez-vous de la case « Remarques » pour recommander un site Web aux parents ou leur rappeler un renseignement important.

19. Récit d'événements de la vie personnelle

Invitez les élèves à raconter des événements de leur vie personnelle.

20. Journal d'apprentissage

Encouragez les élèves à tenir un journal d'apprentissage qu'ils rempliront à temps perdu. Cette activité ne sert pas uniquement à faire passer le temps; elle vous permet aussi d'avoir un aperçu de ce que les élèves ont appris ou de ce à quoi ils pensent. Le journal d'apprentissage peut comprendre :

- des messages de l'enseignante ou l'enseignant,
- des réflexions de l'élève,
- des questions que l'élève se pose,
- des liens que l'élève a réussi à faire,
- des diagrammes et images avec étiquettes.

SUPER!

Ce prix est attribué à :

_____

QUEL BON TRAVAIL! CONTINUE!

Ce prix est attribué à :

_____